따라 쓰기로 배우는 초등 필수
맞춤법

1 새싹 단계

어려운 맞춤법 왜 배워야 하나요?

Q.
글을 쓰는데
왜 맞춤법을
알아야 하나요?

A. 맞춤법은 교통 신호와 같단다. 우리는 파란불이 켜지면 건널목을 건너고 빨간불이 켜지면 멈춰 선다고 배웠지? 이것은 약속이야. 서로 약속을 지켜야 안전하게 거리를 다닐 수 있단다. 맞춤법도 우리가 지켜야 할 약속 가운데 하나란다. 맞춤법을 지켜야 말의 뜻이 정확하게 전해질 수 있어. 누군가 '엄마'를 '옴마'나 '움마'라고 적는다면 그 말이 무엇을 의미하는지 알 수 없겠지?

맞춤법은 국어 공부의 기본이 된단다. 국어는 모든 공부의 기초가 되지. 맞춤법을 정확히 알아야 문장을 제대로 쓸 수 있고, 시험 문제도 이해할 수 있겠지? 공부를 잘하고 싶은 친구라면 먼저 맞춤법을 차근차근 익히도록 하자.

Q.
따라 쓰기를 하면
어떤 점이
좋은가요?

A. 춤을 잘 추고 싶다면 어떻게 할까? 아이돌 그룹이 춤추는 영상을 틀어놓고 여러 번 따라서 춰 보겠지?

맞춤법도 마찬가지야. 맞춤법을 잘 알고 싶다면 처음에는 무조건 따라 쓰는 것이 도움이 된단다. 어떤 단어는 여러 번 써도 기억하기 힘들 수 있지. 그래서 단어를 포함한 문장을 쓰면서 그 단어를 익히는 것이 좋단다.

매일 조금씩 따라 쓰기를 하다 보면 주의력과 집중력이 높아져. 또 글씨를 반듯하게 쓸 수 있어서 글씨체를 바로잡는 데도 도움이 된단다. 요즘은 여러 학교에서 '바른 글씨 쓰기 대회'를 정기적으로 열기도 하는데 도전해 보면 좋겠지?

Q.
어려운 맞춤법
쉽게 배우는
방법이 있나요?

A. 국어 공부는 쉽지 않단다. 특히 학년이 올라갈수록 국어가 어려워지지. 그러니 맞춤법과 같이 기초가 되는 공부를 미리 해 두는 것이 좋단다. 평소에 맞춤법을 익히려면 다양한 책을 많이 읽는 것이 좋단다. 그 단어가 문장에서 어떤 역할을 하는지 책을 읽다 보면 저절로 알게 된단다.

무엇보다 우리말을 사랑하고 아끼는 마음이 우선이란다. 요즘은 초등학생들도 SNS를 자주 사용하거나 줄임말을 많이 쓰지? 그러다 보면 맞춤법을 무시하는 글을 접하기 쉽단다. 평소에도 아름다운 우리말을 정확히 사용하는 연습을 해 보렴.

Q.
이 책을 어떻게
활용하나요?

A. 이 책은 매일 꾸준히 따라 쓰는 것이 가장 좋단다. 한 번에 맞춤법을 배우려면 맞춤법이 더 어렵게 느껴질 수 있거든. 매일 한 단어씩 차근차근 따라 쓰며 익혀 보렴. 초등 국어 전문가들이 초등학생들이 잘 틀리고 헷갈리는 맞춤법을 쏙쏙 골라 정리했단다.

하루 중 일정한 시간을 정해서 이 책을 펼쳐 놓고 따라 쓰는 것이 좋지. 먼저 '맞춤법 박사'가 설명하는 맞춤법의 원리를 이해하렴. 그러면 맞춤법을 억지로 외우지 않아도 기억할 수 있단다. 본문을 꼼꼼하게 따라 쓴 뒤에는 맨 마지막에 '함께 알아 두어요'를 소리 내서 읽어 보렴. 그러면 여러 단어의 맞춤법을 같이 익히는 효과가 있단다. 1권 새싹 단계에서 기초를 배운 다음, 그 다음 2권 나무 단계에 도전해 보렴.

자, 알쏭달쏭 어려운 맞춤법 공부, 이제 즐겁게 시작해 볼까?

차례

ㄱ

08 • 가든지 ○ 가던지 ✕
09 • 가리키다 ○ 가르치다 ✕
10 • 가만히 ○ 가만이 ✕
11 • 개구쟁이 ○ 개구장이 ✕
12 • 경신 ○ 갱신 ✕
13 • 고마워 ○ 고마와 ✕
14 • 고랭지 ○ 고냉지 ✕
15 • 구웠습니다 ○ 구었습니다 ✕
16 • 꼽다 ○ 꽂다 ✕
17 • 꾸준히 ○ 꾸준이 ✕

ㄴ

18 • 나무꾼 ○ 나뭇꾼 ✕
19 • 나더러 ○ 날더러 ✕
20 • 낚아채다 ○ 나꿔채다 ✕
21 • 낯설다 ○ 낮설다 ✕
22 • 넘어 ○ 너머 ✕
23 • 느리다 ○ 늘이다 ✕
24 • **심화학습**

ㄷ

26 • 다달이 ○ 달달이 ✕
27 • 다리다 ○ 달이다 ✕
28 • 담그다 ○ 담구다 ✕
29 • 더욱이 ○ 더우기 ✕
30 • 덮이다 ○ 덮히다 ✕
31 • 도넛 ○ 도너츠 ✕
32 • 돌멩이 ○ 돌맹이 ✕
33 • 돗자리 ○ 돋자리 ✕
34 • 뒷사람 ○ 뒤사람 ✕
35 • 떡볶이 ○ 떡볶기 ✕ 떡복기 ✕
36 • 뚜렷이 ○ 뚜렷히 ✕

ㅁ

37 • 마구간 ○ 마굿간 ✕
38 • 매달다 ○ 메달다 ✕
39 • 맵다 ○ 멥다 ✕
40 • 맺히다 ○ 매치다 ✕
41 • 메밀 ○ 모밀 ✕
42 • 묶다 ○ 묵다 ✕
43 • 뭉게구름 ○ 뭉개구름 ✕
44 • 밀어붙이다 ○ 밀어 부치다 ✕

ㅂ

- 45 • 바라요 ○ 바래요 ✕
- 46 • 반드시 ○ 반듯이 ✕
- 47 • 발자국 ○ 발자욱 ✕
- 48 • 봬요 ○ 뵈요 ✕
- 49 • 벗다 ○ 벚다 ✕
- 50 • 베끼다 ○ 베끼다 ✕ 배끼다 ✕
- 51 • 분란 ○ 불란 ✕
- 52 • 부치다 ○ 붙이다 ✕
- 53 • 비눗방울 ○ 비누방울 ✕
- 54 • **심화학습**

ㅅ

- 56 • 섞다 ○ 썩다 ✕
- 57 • 설레다 ○ 설래다 ✕
- 58 • 성장률 ○ 성장율 ✕
- 59 • 셋째 ○ 세째 ✕
- 60 • 수수께끼 ○ 수수깨끼 ✕
- 61 • 수탉 ○ 수닭 ✕ 수탁 ✕
- 62 • 숨바꼭질 ○ 숨박꼭질 ✕
- 63 • 썰다 ○ 쓸다 ✕
- 64 • 쌉쌀하다 ○ 쌉살하다 ✕

ㅇ

- 65 • 안성맞춤 ○ 안성마춤 ✕
- 66 • 애꿎은 ○ 애꿎은 ✕
- 67 • 열심히 ○ 열심이 ✕
- 68 • 외톨이 ○ 외토리 ✕
- 69 • 우레 ○ 우뢰 ✕
- 70 • 우리나라 ○ 저희 나라 ✕
- 71 • 욱신거리다 ○ 욱씬거리다 ✕
- 72 • 유례 ○ 유래 ✕
- 73 • 육개장 ○ 육계장 ✕
- 74 • 일찍이 ○ 일찌기 ✕
- 75 • 잃다 ○ 잊다 ✕
- 76 • **심화학습**

ㅈ

- 78 • 자투리 ○ 짜투리 ✕
- 79 • 장맛비 ○ 장마비 ✕
- 80 • 저물녘 ○ 저물녁 ✕
- 81 • 좇다 ○ 젓다 ✕
- 82 • 줄게 ○ 줄께 ✕
- 83 • 짖다 ○ 짓다 ✕
- 84 • 쫓다 ○ 좇다 ✕
- 85 • 찌개 ○ 찌게 ✕

ㅊ

86 • 차마 ○ 참아 ✕
87 • 찹찹하다 ○ 착찹하다 ✕
88 • 책꽂이 ○ 책꼿이 ✕ 책꼬지 ✕
89 • 초점 ○ 촛점 ✕

ㅋ

90 • 커피숍 ○ 커피샵 ✕ 커피숖 ✕
91 • 콧구멍 ○ 코구멍 ✕

ㄷ

92 • 통째로 ○ 통채로 ✕

ㅍ

93 • 파란색 ○ 파랑색 ✕

ㅎ

94 • 하마터면 ○ 하마트면 ✕
95 • 환절기 ○ 간절기 ✕
96 • 후유증 ○ 휴유증 ✕
97 • 흐리멍덩하다 ○ 흐리멍텅하다 ✕
98 • 심화학습

이 책의 활용법

1단계
'맞춤법 박사'가 설명하는 맞춤법의 원리를 배워요. 맞춤법을 억지로 외우지 않아도 쉽게 익힐 수 있습니다.

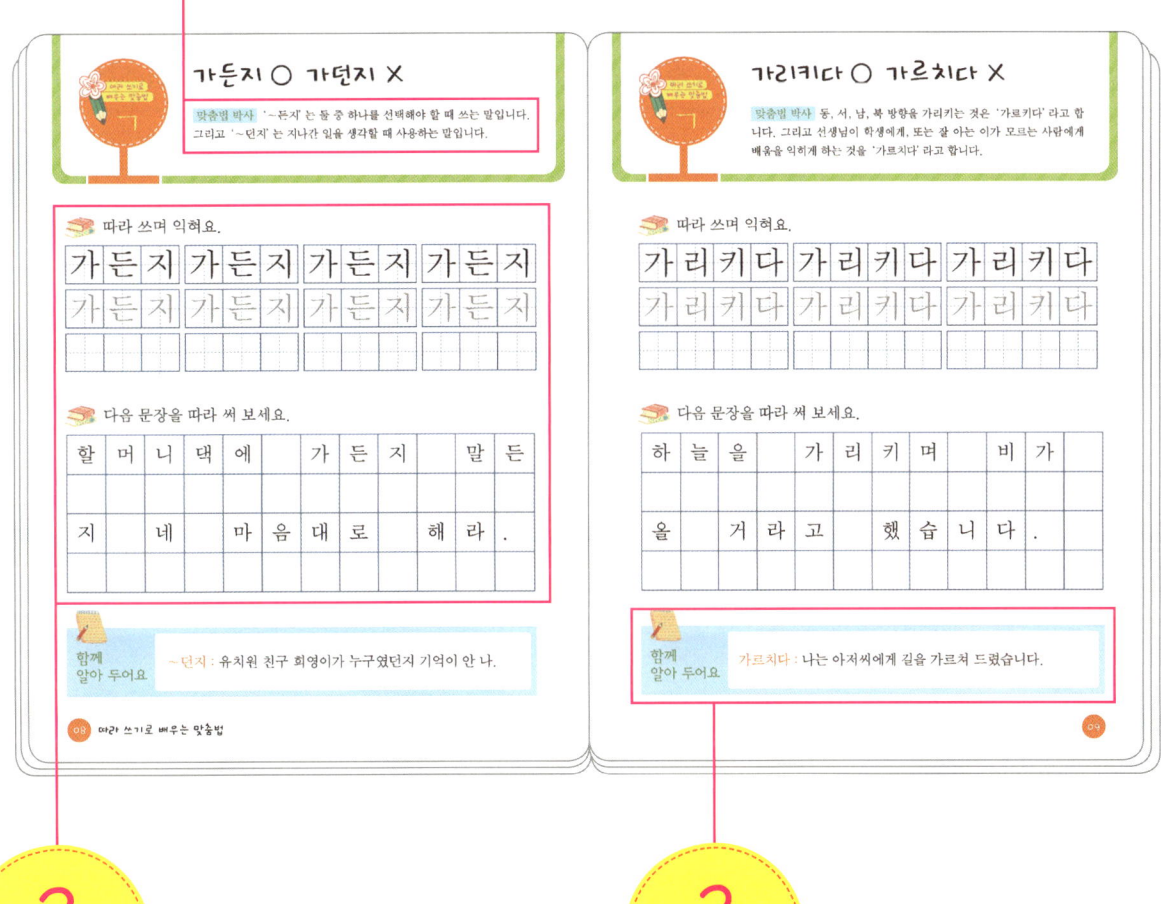

2단계
헷갈리는 맞춤법을 따라 써요. 따라 쓰다 보면 글씨 실력도 향상되고 맞춤법도 저절로 배울 수 있습니다.

3단계
'함께 알아 두어요'를 소리 내서 읽어 보세요. 그러면 여러 낱말의 맞춤법을 함께 익힐 수 있습니다.

가든지 ○ 가던지 ✗

맞춤법 박사 '~든지'는 둘 중 하나를 선택해야 할 때 쓰는 말입니다. 그리고 '~던지'는 지나간 일을 생각할 때 사용하는 말입니다.

 따라 쓰며 익혀요.

| 가 | 든 | 지 | 가 | 든 | 지 | 가 | 든 | 지 | 가 | 든 | 지 |
| 가 | 든 | 지 | 가 | 든 | 지 | 가 | 든 | 지 | 가 | 든 | 지 |

 다음 문장을 따라 써 보세요.

| 할 | 머 | 니 | 댁 | 에 | | 가 | 든 | 지 | | 말 | 든 |
| 지 | | 네 | | 마 | 음 | 대 | 로 | | 해 | 라 | . |

함께 알아 두어요

~던지 : 유치원 친구 희영이가 누구였던지 기억이 안 나.

가리키다 ○ 가르치다 ✗

맞춤법 박사 동, 서, 남, 북 방향을 가리키는 것은 '가르키다' 라고 합니다. 그리고 선생님이 학생에게, 또는 잘 아는 이가 모르는 사람에게 배움을 익히게 하는 것을 '가르치다' 라고 합니다.

 따라 쓰며 익혀요.

가	리	키	다	가	리	키	다	가	리	키	다
가	리	키	다	가	리	키	다	가	리	키	다

 다음 문장을 따라 써 보세요.

하	늘	을		가	리	키	며		비	가	
올		거	라	고		했	습	니	다	.	

함께 알아 두어요

가르치다 : 나는 아저씨에게 길을 가르쳐 드렸습니다.

가만히 ○ 가만이 ✕

맞춤법 박사 '가만히'와 '가만이'처럼 '히'가 들어간 낱말과 '이'가 들어간 낱말은 헷갈릴 때가 많아요. 따라서 단어를 쓸 때 정확하게 쓰도록 노력해야 해요.

 따라 쓰며 익혀요.

가	만	히	가	만	히	가	만	히	가	만	히
가	만	히	가	만	히	가	만	히	가	만	히

 다음 문장을 따라 써 보세요.

전	철	에	서		떠	들	지		않	고	
가	만	히		있	었	어	요	.			

함께 알아 두어요

~이 : 깨끗이 ○ 깨끗히 ✕, 헛되이 ○ 헛되히 ✕
~히 : 솔직히 ○ 솔직이 ✕, 엄격히 ○ 엄격이 ✕

개구쟁이 ○ 개구장이 ✗

맞춤법 박사 '옹기장이'처럼 기술을 가진 사람에게는 '~장이'를 붙이고 그 밖에는 '~쟁이'를 붙여요.

 따라 쓰며 익혀요.

개	구	쟁	이	개	구	쟁	이	개	구	쟁	이
개	구	쟁	이	개	구	쟁	이	개	구	쟁	이

 다음 문장을 따라 써 보세요.

김	구		선	생	은		어	린		시	절	∨
개	구	쟁	이	였	습	니	다	.				

함께 알아 두어요

~쟁이 : 겁쟁이, 수다쟁이, 거짓말쟁이, 욕심쟁이, 멋쟁이
~장이 : 대장장이, 옹기장이

경신 ○ 갱신 ✗

맞춤법 박사 '경신'은 어떤 분야의 이전 최고치나 최저치를 새롭게 하는 것을 말합니다. '갱신'은 주로 법적인 관계에서 기간이 끝나서 그 기간을 늘리거나 바꾸는 것을 뜻해요.

 따라 쓰며 익혀요.

경	신	경	신	경	신	경	신	경	신
경	신	경	신	경	신	경	신	경	신

 다음 문장을 따라 써 보세요.

주	가	가		최	고	치	를		경	신	했
습	니	다	.								

함께 알아 두어요

경신 : 무더위로 올해 최고 기온을 경신했습니다.
갱신 : 여권 기간이 만료되어서 갱신했습니다.

고마워 ○ 고마와 ✗

맞춤법 박사 '고마워', '고마와' 혼동되죠? '고맙다' 에서 온 단어로 '고마워' 가 맞습니다.

 따라 쓰며 익혀요.

고	마	워	고	마	워	고	마	워	고	마	워
고	마	워	고	마	워	고	마	워	고	마	워

 다음 문장을 따라 써 보세요.

현	철	아	,		도	와	주	어	서		고	마
워	.											

함께 알아 두어요

반가워 ○ 반가와 ✗ , 가까워 ○ 가까와 ✗

고랭지 ○ 고냉지 ✗

맞춤법 박사 저위도에 있으면서 해발고도 600m 이상의 높고 서늘한 곳을 말해요.

 따라 쓰며 익혀요.

고	랭	지	고	랭	지	고	랭	지	고	랭	지
고	랭	지	고	랭	지	고	랭	지	고	랭	지

 다음 문장을 따라 써 보세요.

엄	마	가		고	랭	지		배	추	로	
김	장	을		담	급	니	다	.			

함께 알아 두어요

랭(冷) : 낱말의 처음에 올 때는 '냉'으로, 뒤에 올 때는 '랭'으로 씁니다. 예) 냉난방 ○ 랭난방 ✗, 한랭 ○ 한냉 ✗

구웠습니다 ○ 구었습니다 ✗

맞춤법 박사 불에 고기 등을 익히는 것은 '구었습니다'가 아닌 '구웠습니다'라고 써요.

 따라 쓰며 익혀요.

구	웠	습	니	다	구	웠	습	니	다
구	웠	습	니	다	구	웠	습	니	다

다음 문장을 따라 써 보세요.

엄	마	가		고	기	를		맛	있	게	
구	웠	습	니	다	.						

함께 알아 두어요

굽다 : 구워, 구우니, 굽는
줍다 : 주워, 주우니, 줍는

꼽다 ○ 꽂다 ✗

맞춤법 박사 '꽂다'는 넘어지지 않게 세우거나 찔러 놓는 것을 말합니다. '꼽다'는 숫자를 세거나 누군가를 가리켜 지정하는 것을 말해요. 서로 다른 뜻을 가진 낱말이므로 유의해서 사용해야 해요.

 따라 쓰며 익혀요.

꼽다	꼽다	꼽다	꼽다	꼽다
꼽다	꼽다	꼽다	꼽다	꼽다

 다음 문장을 따라 써 보세요.

여	름		방	학	을		손	을		꼽	아	∨
기	다	렸	습	니	다	.						

함께 알아 두어요

꼽다 : 올해 가장 잘한 일을 꼽는다면 반장이 된 것입니다.
꽂다 : 책꽂이에 책을 꽂았습니다.

꾸준히 ○ 꾸준이 ✗

맞춤법 박사 한결같은 성실한 자세를 '꾸준히'라고 표현합니다.

 따라 쓰며 익혀요.

꾸	준	히	꾸	준	히	꾸	준	히	꾸	준	히
꾸	준	히	꾸	준	히	꾸	준	히	꾸	준	히

 다음 문장을 따라 써 보세요.

꾸	준	히		노	력	하	면		기	록	이	∨
나	아	질		것	입	니	다	.				

함께 알아 두어요

캐~ : 캐나다, 캐럴, 캐주얼
케~ : 케첩, 케이스, 케이블

17

나무꾼 ○ 나뭇꾼 ✗

맞춤법 박사 나무꾼은 '나무'와 '꾼'으로 이뤄졌어요. 단어와 단어가 합쳐지면 ㅅ(사이시옷)이 들어가지만 '꾼'은 단어가 아니므로 ㅅ(사이시옷)이 들어가지 않아요.

 따라 쓰며 익혀요.

나	무	꾼	나	무	꾼	나	무	꾼	나	무	꾼
나	무	꾼	나	무	꾼	나	무	꾼	나	무	꾼

 다음 문장을 따라 써 보세요.

나	무	꾼	이		사	슴	을		숨	겨	
주	었	습	니	다	.						

함께 알아 두어요

해님 ○ 햇님 ✗ : '해'와 '님'으로 이루어져 있습니다. 그러나 '님'은 단어가 아니므로 해님이라고 써야 맞습니다.

나더러 ○ 날더러 ✗

맞춤법 박사 나+더러는 '나더러'가 맞습니다. '~더러'는 사람을 뜻하는 단어 뒤에 붙어서 행동이 작용하는 대상을 나타냅니다.

 따라 쓰며 익혀요.

나	더	러	나	더	러	나	더	러	나	더	러
나	더	러	나	더	러	나	더	러	나	더	러

 다음 문장을 따라 써 보세요.

나	더	러		청	소	를		하	라	고	?
나	더	러		청	소	를		하	라	고	?

함께 알아 두어요

소나무=솔+나무, 화살=활+살, 바느질=바늘+질

낚아채다 ○ 나꿔채다 ✗

맞춤법 박사 난데없이 가로채거나 빼앗는 것을 '낚아채다'라고 합니다.

 따라 쓰며 익혀요.

낚	아	채	다	낚	아	채	다	낚	아	채	다
낚	아	채	다	낚	아	채	다	낚	아	채	다

 다음 문장을 따라 써 보세요.

영	석	이	는		갑	자	기		내		가
방	을		낚	아	채	어		갔	어	요	.

함께 알아 두어요

낚아채다 : 낚아채어, 낚아채니

낯설다 ○ 낯설다 ✗

맞춤법 박사 서로 잘 알지 못하거나, 물건이나 풍경이 내 눈에 익숙하지 않은 것을 '낯설다' 라고 해요.

 따라 쓰며 익혀요.

낯	설	다	낯	설	다	낯	설	다	낯	설	다
낯	설	다	낯	설	다	낯	설	다	낯	설	다

 다음 문장을 따라 써 보세요.

홍	콩		여	행		첫	날	은		모	든	✓
것	이		낯	설	었	습	니	다	.			

함께 알아 두어요

낯설다 : 낯익은, 낯설게, 낯선
ㅊ 받침 글자 : 햇빛, 달빛, 살갗, 숯불

넘어 ○ 너머 ✕

맞춤법 박사 '넘어'와 '너머'는 발음이 같기 때문에 혼동하기 쉬워요. '넘어'는 '넘다'라는 말에서 온 것으로 높은 곳을 지나가는 동작을 말해요. '너머'는 산과 같이 높은 곳을 의미해요.

 따라 쓰며 익혀요.

넘	어	넘	어	넘	어	넘	어	넘	어
넘	어	넘	어	넘	어	넘	어	넘	어

 다음 문장을 따라 써 보세요.

언	덕	을		넘	어		집	으	로		걸
어	갔	습	니	다	.						

함께 알아 두어요

너머 : 우리 집은 저 산 너머에 있습니다.

느리다 ○ 늘이다 ✗

맞춤법 박사 거북이처럼 행동이 빠르지 않은 것을 '느리다' 라고 해요. 고무줄처럼 길게 모양을 만드는 것을 '늘이다' 라고 해요.

 따라 쓰며 익혀요.

느	리	다	느	리	다	느	리	다	느	리	다
느	리	다	느	리	다	느	리	다	느	리	다

 다음 문장을 따라 써 보세요.

토	끼	는		빠	르	고		거	북	이	는	∨
느	립	니	다	.								

함께 알아 두어요

늘이다 : 누나가 고무줄을 늘였습니다.
늘리다 : 오늘부터 수업 시간을 10분 늘립니다.

심화학습

※ '~이'와 '~히'가 들어간 낱말을 구분해서 써요.

| 깨끗이 | 깨끗이 | 깨끗이 | 깨끗이 |

| 헛되이 | 헛되이 | 헛되이 | 헛되이 |

| 솔직히 | 솔직히 | 솔직히 | 솔직히 |

| 엄격히 | 엄격히 | 엄격히 | 엄격히 |

※ '~장이'와 '~쟁이'가 들어간 낱말을 구분해서 써요.

| 수 | 다 | 쟁 | 이 | 수 | 다 | 쟁 | 이 | 수 | 다 | 쟁 | 이 |

| 욕 | 심 | 쟁 | 이 | 욕 | 심 | 쟁 | 이 | 욕 | 심 | 쟁 | 이 |

| 양 | 복 | 장 | 이 | 양 | 복 | 장 | 이 | 양 | 복 | 장 | 이 |

| 대 | 장 | 장 | 이 | 대 | 장 | 장 | 이 | 대 | 장 | 장 | 이 |

다달이 ○ 달달이 ✗

맞춤법 박사 매달마다의 뜻을 가진 낱말은 '다달이'라고 씁니다. 말을 편리하게 하기 위해 ㄹ이 떨어져 나갔습니다.

 따라 쓰며 익혀요.

다	달	이	다	달	이	다	달	이	다	달	이
다	달	이	다	달	이	다	달	이	다	달	이

 다음 문장을 따라 써 보세요.

나	는		다	달	이		학	원	비	를	
내	고		있	습	니	다	.				

함께 알아 두어요

따님 ○ 딸님 ✗ , 마소 ○ 말소 ✗ , 여닫이 ○ 열달이 ✗

다리다 ⭕ 달이다 ❌

맞춤법 박사 다리미로 옷을 펴는 것을 '다리다' 라고 해요. 그리고 간장이나 한약을 끓여서 우러나도록 하는 것은 '달이다' 라고 해요.

 따라 쓰며 익혀요.

다	리	다	다	리	다	다	리	다	다	리	다
다	리	다	다	리	다	다	리	다	다	리	다

 다음 문장을 따라 써 보세요.

엄	마	가		아	빠		옷	을		다	리
미	로		다	렸	어	요	.				

함께 알아 두어요

조리다 : 생선을 조립니다.
졸이다 : 상대 팀 공이 들어갈까 봐 마음을 졸였습니다.

담그다 ○ 담구다 ✕

맞춤법 박사 '담다'는 어떤 물건을 상자 등에 넣은 것을 말해요. '담그다'는 액체 속에 무언가를 넣거나, 음식을 만드는 과정에 사용하는 말입니다.

 따라 쓰며 익혀요.

담	그	다	담	그	다	담	그	다	담	그	다
담	그	다	담	그	다	담	그	다	담	그	다

 다음 문장을 따라 써 보세요.

계	곡		물	에		발	을		담	그	니	✓
발	이		시	렸	어	요	.					

함께 알아 두어요 잠그다 ○ 잠구다 ✕ , 치르다 ○ 치루다 ✕

더욱이 ○ 더우기 ✗

맞춤법 박사 '더욱이'를 발음할 때는 [더우기]이지만 쓸 때는 '더욱이'로 씁니다.

 따라 쓰며 익혀요.

더욱이	더욱이	더욱이	더욱이
더욱이	더욱이	더욱이	더욱이

 다음 문장을 따라 써 보세요.

희	수	는		키	가		크	고		더	욱
이		몸	도		말	랐	습	니	다	.	

함께 알아 두어요

~이 : 일찍이, 나직이, 새로이, 촉촉이

덮이다 ○ 덮히다 ✕

맞춤법 박사 물건 위에 무언가가 얹어지거나 가려진 상태를 말해요.

 따라 쓰며 익혀요.

덮	이	다	덮	이	다	덮	이	다	덮	이	다
덮	이	다	덮	이	다	덮	이	다	덮	이	다

 다음 문장을 따라 써 보세요.

졸	음	이		와	서		눈	이		저	절
로		덮	입	니	다	.					

함께 알아 두어요

~이 : 높이다, 뒤덮이다, 녹이다
~히 : 먹히다, 막히다, 긁히다, 읽히다

도넛 ○ 도너츠 ✗

맞춤법 박사 우리가 맛있게 먹는 도넛(doughnut)은 도너츠가 아니라 '도넛'이라고 해야 합니다.

 따라 쓰며 익혀요.

도	넛	도	넛	도	넛	도	넛	도	넛
도	넛	도	넛	도	넛	도	넛	도	넛

 다음 문장을 따라 써 보세요.

간	식	으	로		도	넛	과		우	유	를	∨
먹	었	습	니	다	.							

함께 알아 두어요

로봇 ○ 로보트 ✗, 서비스 ○ 써비스 ✗
돈가스 ○ 돈까스 ✗

돌멩이 ◯ 돌맹이 ✗

맞춤법 박사 돌덩이보다 작고 자갈보다 큰 돌로, 보통 달걀만 한 크기를 '돌멩이' 라고 해요.

 따라 쓰며 익혀요.

돌	멩	이	돌	멩	이	돌	멩	이	돌	멩	이
돌	멩	이	돌	멩	이	돌	멩	이	돌	멩	이

 다음 문장을 따라 써 보세요.

강	아	지	가		돌	멩	이	를		꿀	꺽	✓
삼	켰	습	니	다	.							

함께 알아 두어요

가랑이 ◯ 가랭이 ✗ , 아지랑이 ◯ 아지랭이 ✗
냄비 ◯ 남비 ✗

돗자리 ○ 돌자리 ✗

맞춤법 박사 공원이나 산에서 바닥에 까는 왕골이나 골풀로 만든 자리를 말해요.

 따라 쓰며 익혀요.

돗	자	리	돗	자	리	돗	자	리	돗	자	리
돗	자	리	돗	자	리	돗	자	리	돗	자	리

 다음 문장을 따라 써 보세요.

공	원	에		돗	자	리	를		깔	고	
김	밥	을		먹	었	어	요	.			

함께 알아 두어요

돗 : 진돗개
돋 : 돋보기, 돋보이다

뒷사람 ○ 뒤사람 ✕

맞춤법 박사 뒤에 있는 사람, 나중에 오는 사람을 말합니다. 앞에 있는 사람 또는 앞에 가는 사람은 '앞사람' 이라고 합니다.

 따라 쓰며 익혀요.

뒷	사	람	뒷	사	람	뒷	사	람	뒷	사	람
뒷	사	람	뒷	사	람	뒷	사	람	뒷	사	람

 다음 문장을 따라 써 보세요.

뒷	사	람	에	게		차	례	차	례		전
달	되	었	습	니	다	.					

함께 알아 두어요

뒤축 ○ 뒷축 ✕, 뒤통수 ○ 뒷통수 ✕, 뒤끝 ○ 뒷끝 ✕

떡볶이 ○ 떡볶기 ✗ 떡복기 ✗

맞춤법 박사 우리가 즐겨 먹는 떡볶이는 떡과 볶이가 합쳐진 말로 '떡볶이'라고 써야 해요.

 따라 쓰며 익혀요.

떡	볶	이	떡	볶	이	떡	볶	이	떡	볶	이
떡	볶	이	떡	볶	이	떡	볶	이	떡	볶	이

 다음 문장을 따라 써 보세요.

간	식	으	로		맛	있	는		떡	볶	이
를		먹	었	어	요	.					

함께 알아 두어요

ㄲ **겹받침** : 낚시, 손톱깎이, 연필깎이, 볶음밥

뚜렷이 ○ 뚜렷히 ✕

맞춤법 박사 분명하고 확실한 것을 '뚜렷이'라고 표현해요. 우리말에는 '이'와 '히'가 들어간 낱말이 있어요. 잘 구분해 보세요.

 따라 쓰며 익혀요.

뚜	렷	이	뚜	렷	이	뚜	렷	이	뚜	렷	이
뚜	렷	이	뚜	렷	이	뚜	렷	이	뚜	렷	이

 다음 문장을 따라 써 보세요.

눈		위	에		내		발	자	국	이	
뚜	렷	이		남	았	어	요	.			

함께 알아 두어요

~이 : 깨끗이, 곰곰이, 나날이, 깊숙이, 너그러이
~히 : 서서히, 천천히, 묵묵히, 분명히, 솔직히

마구간 ○ 마굿간 ✗

맞춤법 박사 말을 키우는 공간은 '마구간'이라고 씁니다.

 따라 쓰며 익혀요.

마	구	간	마	구	간	마	구	간	마	구	간
마	구	간	마	구	간	마	구	간	마	구	간

 다음 문장을 따라 써 보세요.

예	수	님	은		마	구	간	에	서		태
어	났	습	니	다	.						

함께 알아 두어요

고깃간 ○ 고기간 ✗, 초가삼간 ○ 초갓삼간 ✗
숫자 ○ 수자 ✗, 횟수 ○ 회수 ✗

매달다 ○ 메달다 ✗

맞춤법 박사 끈이나 줄로 달려 있게 하는 것을 '매달다' 라고 해요.

 따라 쓰며 익혀요.

매	달	다	매	달	다	매	달	다	매	달	다
매	달	다	매	달	다	매	달	다	매	달	다

 다음 문장을 따라 써 보세요.

원	숭	이	가		나	무	에		매	달	려	✓
있	습	니	다	.								

함께 알아 두어요

매다 : 강아지를 강아지 줄에 매다, 마당에 빨랫줄을 매다
메다 : 가방을 메다, 목이 메다

맵다 ○ 멥다 ✗

맞춤법 박사 고추, 겨자와 같이 맛이 알알한 것을 '맵다'라고 해요.

 따라 쓰며 익혀요.

맵	다	맵	다	맵	다	맵	다	맵	다
맵	다	맵	다	맵	다	맵	다	맵	다

 다음 문장을 따라 써 보세요.

작	은		고	추	가		맵	습	니	다	.

함께 알아 두어요

'맵다'에는 여러 가지 뜻이 있어요.
- 날씨가 몹시 춥다. 예) 겨울 바람이 싸늘하고 맵습니다.
- 연기 따위가 눈이나 코를 아프게 하다.
  예) 연기 때문에 눈이 매워요.
- 손이 야무지다. 예) 언니는 손이 매워서 만들기를 잘합니다.

맺히다 ○ 매치다 ✗

맞춤법 박사 '맺히다'는 물방울이나 땀방울이 생기는 것을 말해요. [매치다]로 발음되지만 쓸 때는 '맺히다'라고 써야 해요.

 따라 쓰며 익혀요.

| 맺 | 히 | 다 | 맺 | 히 | 다 | 맺 | 히 | 다 | 맺 | 히 | 다 |
| 맺 | 히 | 다 | 맺 | 히 | 다 | 맺 | 히 | 다 | 맺 | 히 | 다 |

 다음 문장을 따라 써 보세요.

| 꽃 | 잎 | 에 | | 이 | 슬 | 이 | | 송 | 글 | 송 | 글 | ✓ |
| 맺 | 혔 | 어 | 요 | . | | | | | | | | |

함께 알아 두어요

맺다 : 맺히어, 맺히니, 맺으니, 맺는

메밀 ○ 모밀 ✕

맞춤법 박사 '메밀'은 줄기가 40~70cm의 7~10월에 흰색 꽃이 피는 식물이에요. 주로 국수, 부침 등으로 요리합니다. 모밀은 틀린 표현이며 '메밀'이라고 써야 해요.

 따라 쓰며 익혀요.

메밀	메밀	메밀	메밀	메밀
메밀	메밀	메밀	메밀	메밀

 다음 문장을 따라 써 보세요.

점	심	은		시	원	한		메	밀	국	수
를		먹	었	습	니	다	.				

함께 알아 두어요

메밀떡 ○ 모밀떡 ✕ , 메밀묵 ○ 모밀묵 ✕

묶다 ○ 묵다 ✗

맞춤법 박사 물건이나 사람을 끈 같은 것으로 서로 떨어지지 않게 매는 것을 '묶다'라고 해요. '묵다'는 잠을 자거나 머무르는 것을 말해요.

 따라 쓰며 익혀요.

묶다	묶다	묶다	묶다	묶다
묶다	묶다	묶다	묶다	묶다

 다음 문장을 따라 써 보세요.

희	영	이	는		고	무	줄	로		머	리
를		묶	었	습	니	다	.				

함께 알아 두어요

묶다 : 강아지를 목줄에 묶어 두었습니다.
묵다 : 우리는 휴가 때 콘도에서 묵을 예정입니다.

뭉게구름 ○ 뭉개구름 ✗

맞춤법 박사 위는 솜을 쌓은 것처럼 둥글고 아래는 평평한 모양의 구름을 말해요.

 따라 쓰며 익혀요.

뭉	게	구	름	뭉	게	구	름	뭉	게	구	름
뭉	게	구	름	뭉	게	구	름	뭉	게	구	름

 다음 문장을 따라 써 보세요.

뭉	게	구	름	이		하	얀		양	처	럼	∨
보	였	습	니	다	.							

함께 알아 두어요

쩨쩨하다 ○ 째째하다 ✗ , 으스대다 ○ 으시대다 ✗
부스스하다 ○ 부시시하다 ✗

43

밀어붙이다 ○ 밀어 부치다 ✕

맞춤법 박사 틈을 주지 않고 강하게 밀거나 한쪽으로 닦아세울 때는 '밀어붙이다' 라고 써야 합니다. '밀어붙이다' 는 붙여 쓰도록 해요.

 따라 쓰며 익혀요.

밀	어	붙	이	다	밀	어	붙	이	다
밀	어	붙	이	다	밀	어	붙	이	다

 다음 문장을 따라 써 보세요.

대	표	팀	은		쉴		틈		없	이
일	본		팀	을		밀	어	붙	였	어	요	.

함께 알아 두어요　몰아붙이다 ○ 몰아부치다 ✕

바라요 ○ 바래요 ✗

맞춤법 박사 '바라요'는 무언가를 희망하거나 기원할 때 사용해요. '바래요'는 색이 엷어지는 것을 말해요.

 따라 쓰며 익혀요.

바	라	요	바	라	요	바	라	요	바	라	요
바	라	요	바	라	요	바	라	요	바	라	요

 다음 문장을 따라 써 보세요.

할	머	니	,	오	래	오	래		건	강	하
시	길		바	라	요	.					

함께 알아 두어요　　바람 ○ 바램 ✗ , 바라 ○ 바래 ✗

반드시 ○ 반듯이 ✕

맞춤법 박사 꼭, 틀림없이라는 뜻으로 쓸 때는 '반드시'를 사용하고 비뚤어지거나 기울어지지 않고 바르게의 뜻으로 쓸 때는 '반듯이'를 써요.

 따라 쓰며 익혀요.

반	드	시	반	드	시	반	드	시	반	드	시
반	드	시	반	드	시	반	드	시	반	드	시

 다음 문장을 따라 써 보세요.

이	번	에		반	드	시		1	등	을	
할		거	야	.							

함께 알아 두어요

지그시 ○ 지긋이 ✕ , 오뚝이 ○ 오뚜기 ✕

발자국 ○ 발자욱 ✗

맞춤법 박사 발로 밟은 자리에 남은 모양을 '발자국'이라고 해요. 발과 자국이 합쳐진 말로 '발자국'이라고 써야 해요.

 따라 쓰며 익혀요.

발	자	국	발	자	국	발	자	국	발	자	국
발	자	국	발	자	국	발	자	국	발	자	국

 다음 문장을 따라 써 보세요.

눈		위	에		내		발	자	국	이	
뚜	렷	이		남	았	어	요	.			

함께 알아 두어요

빌다 : 제 소원이 이뤄지기를 신께 빌었어요.
빌리다 : 연필 좀 빌려 줄래?

봬요 ○ 뵈요 ✗

맞춤법 박사 '뵈어요'의 줄인 말로 '봬요'라고 써야 해요.

📚 따라 쓰며 익혀요.

봬	요	봬	요	봬	요	봬	요	봬	요
봬	요	봬	요	봬	요	봬	요	봬	요

📚 다음 문장을 따라 써 보세요.

선	생	님	,	내	일		아	침	에		봬
요	.										

함께 알아 두어요

오랜만에 ○ 오랫만에 ✗
오랫동안 ○ 오랜동안 ✗ 오래동안 ✗

벗다 ○ 벚다 ✗

맞춤법 박사 옷을 벗거나 가방을 내려놓는 것을 '벗다' 라고 해요.

 따라 쓰며 익혀요.

벗다	벗다	벗다	벗다	벗다
벗다	벗다	벗다	벗다	벗다

 다음 문장을 따라 써 보세요.

날	씨	가		더	워	서		윗	옷	을	
벗	었	어	요	.							

함께 알아 두어요

벗다 : 장갑을 벗다, 신발을 벗다, 누명을 벗다

베끼다 ○ 삐끼다 ✗ 배끼다 ✗

맞춤법 박사 무엇을 그대로 옮겨 적는 것을 '베끼다'라고 해요.

 따라 쓰며 익혀요.

베	끼	다	베	끼	다	베	끼	다	베	끼	다
베	끼	다	베	끼	다	베	끼	다	베	끼	다

 다음 문장을 따라 써 보세요.

친	구	의		글	을		베	껴	서	는	
안		돼	.								

함께 알아 두어요

베다 : 나무꾼이 나무를 베었습니다.
배다 : 집에 온통 생선 냄새가 배어 있었습니다.

분란 ○ 불란 ×

맞춤법 박사 '분란'은 시끄럽고 어수선한 상태를 뜻해요. '불란'은 불란하다에서 온 말로 혼란스럽지 않거나 어수선하지 않은 것을 말합니다. 분란과 불란은 잘 구분해서 써야겠죠?

 따라 쓰며 익혀요.

분	란	분	란	분	란	분	란	분	란
분	란	분	란	분	란	분	란	분	란

 다음 문장을 따라 써 보세요.

분	란	을		일	으	키	지		말	고	
좀		가	만	히		있	어	.			

함께 알아 두어요

일사불란 ○ 일사분란 ×
: 체계가 잘 잡혀서 혼란스럽지 않은 상태를 말합니다.

부치다 ○ 붙이다 ✗

맞춤법 박사 '부치다'와 '붙이다'는 모양이 다르지만 소리가 같아서 헷갈려요. '부치다'는 '편지를 부치다', '회의에 부치다' 등에 사용하며 '붙이다'는 '우표를 붙이다', '불을 붙이다' 등에 사용해요.

 따라 쓰며 익혀요.

부	치	다	부	치	다	부	치	다	부	치	다
부	치	다	부	치	다	부	치	다	부	치	다

 다음 문장을 따라 써 보세요.

그		문	제	는		학	급		회	의	에	∨
부	치	자	.									

함께 알아 두어요

붙이다 : 불을 붙이다, 우표를 붙이다, 흥정을 붙이다
부치다 : 편지를 부치다, 부채를 부치다, 부침개를 부치다

비눗방울 ○ 비누방울 ✕

맞춤법 박사 비눗물로 만든 동글한 모양의 방울을 말해요.

 따라 쓰며 익혀요.

비	눗	방	울	비	눗	방	울	비	눗	방	울
비	눗	방	울	비	눗	방	울	비	눗	방	울

 다음 문장을 따라 써 보세요.

나	와		동	생	은		비	눗	방	울	
놀	이	를		했	어	요	.				

함께 알아 두어요

비눗물 ○ 비누물 ✕ , 비누가게 ○ 비눗가게 ✕

 심화학습

※ 아래 문장을 예쁘게 따라 써요.

다	리	미	로		옷	을		다	려	요	.
다	리	미	로		옷	을		다	려	요	.

한	약	을		정	성	껏		달	여	요	.
한	약	을		정	성	껏		달	여	요	.

생	선	을		간	장	에		조	려	요	.
생	선	을		간	장	에		조	려	요	.

조	마	조	마		마	음	을		졸	여	요	.
조	마	조	마		마	음	을		졸	여	요	.

※ 'ㄲ' 받침이 아닌 낱말을 찾아 ○ 하세요.

| 떡볶이 | 돗자리 | 낚시 | 볶음밥 | 연필깎이 | 손톱깎이 |

※ 다음 중 '벗다'가 들어가지 않는 문장을 고르세요.

- 장갑을 벗다
- 누명을 벗다
- 신발을 벗다
- 돈을 벗다

※ 왼쪽 문장에 알맞은 낱말을 찾아서 선을 연결해 주세요.

마당에 빨랫줄을 • • 담그다

욕조에 몸을 • • 덮이다

가방을 어깨에 • • 묶다

고무줄로 머리를 • • 매다

운동장이 눈으로 • • 메다

호텔에 • • 묵다

섞다 ○ 썩다 ✗

맞춤법 박사 '섞다'는 두 가지 이상의 것을 하나로 합칠 때 사용해요.
'썩다'는 음식이 부패하거나 상한 것을 말해요.

 따라 쓰며 익혀요.

섞	다	섞	다	섞	다	섞	다	섞	다
섞	다	섞	다	섞	다	섞	다	섞	다

 다음 문장을 따라 써 보세요.

쌀	에		콩	을		섞	어	서		콩	밥
을		만	들	었	어	요	.				

함께 알아 두어요

섞다 : 빵을 골고루 섞다, 말을 섞다
썩다 : 과일이 오래되어 썩다, 이가 썩다

설레다 ○ 설래다 ✕

맞춤법 박사 마음이 두근거리고 들뜨는 것을 '설레다' 라고 해요.

 따라 쓰며 익혀요.

설	레	다	설	레	다	설	레	다	설	레	다
설	레	다	설	레	다	설	레	다	설	레	다

 다음 문장을 따라 써 보세요.

이	제		설	레	는		여	름		방	학
이		시	작	돼	요	.					

함께 알아 두어요

설렘 ○ 설레임 ✕ , 설레다 ○ 설레이다 ✕

성장률 ○ 성장율 ×

맞춤법 박사 성장률이 맞을까요? 성장율이 맞을까요? 받침이 있는 단어는 '~률'을, 받침이 없는 단어는 '~율'을 붙입니다. 그래서 '성장율'이 아니라 '성장률'로 씁니다.

 따라 쓰며 익혀요.

성	장	률	성	장	률	성	장	률	성	장	률
성	장	률	성	장	률	성	장	률	성	장	률

 다음 문장을 따라 써 보세요.

내	년		경	제		성	장	률	이		떨
어	질		것	으	로		예	상	됩	니	다	.

함께 알아 두어요

ㄴ 받침 뒤에는 예외로 '~율'로 적습니다.
예) 백분율 ○ 백분률 ×, 할인율 ○ 할인률 ×

셋째 ○ 세째 ✗

맞춤법 박사 순서가 세 번째가 되는 차례를 '셋째'라고 합니다.

 따라 쓰며 익혀요.

셋	째	셋	째	셋	째	셋	째	셋	째
셋	째	셋	째	셋	째	셋	째	셋	째

 다음 문장을 따라 써 보세요.

아	버	지	는		오		남	매		중	
셋	째	입	니	다	.						

함께 알아 두어요 둘째 ○ 두째 ✗, 넷째 ○ 네째 ✗, 다섯째 ○ 다서째 ✗

수수께끼 ○ 수수께끼 ✗

맞춤법 박사 어떤 물건을 빗대어 말하여 알아맞히는 놀이 또는 쉽게 알 수 없는 것을 이르러 '수수께끼' 라고 해요.

 따라 쓰며 익혀요.

수	수	께	끼	수	수	께	끼	수	수	께	끼
수	수	께	끼	수	수	께	끼	수	수	께	끼

 다음 문장을 따라 써 보세요.

수	학		문	제	가		어	려	워	서	
수	수	께	끼		같	았	어	요	.		

함께 알아 두어요

~래 : 빨래 ○ 빨레 ✗ , 노래 ○ 노레 ✗
~레 : 발레 ○ 발래 ✗ , 걸레 ○ 걸래 ✗

수탉 ◯ 수닭 ✕ 수탁 ✕

맞춤법 박사 닭의 수컷은 '수탉'이라고 하며 읽을 때는 [수탁]이라고 해요. 닭의 암컷은 '암탉'이라고 합니다.

 따라 쓰며 익혀요.

수	탉	수	탉	수	탉	수	탉	수	탉
수	탉	수	탉	수	탉	수	탉	수	탉

 다음 문장을 따라 써 보세요.

새	벽	이		되	자		수	탉	이		울
었	어	요	.								

함께 알아 두어요 암탉 ◯ 암닭 ✕ , 닭고기 ◯ 탉고기 ✕

숨바꼭질 ○ 숨박꼭질 ✗

맞춤법 박사 한 사람이 술래가 되어 숨어 있는 다른 사람을 찾아내는 놀이를 말해요.

 따라 쓰며 익혀요.

숨	바	꼭	질	숨	바	꼭	질	숨	바	꼭	질
숨	바	꼭	질	숨	바	꼭	질	숨	바	꼭	질

 다음 문장을 따라 써 보세요.

친	구	들	이		운	동	장	에	서		숨
바	꼭	질	을		했	어	요	.			

함께 알아 두어요

바~ : 바람, 바닥, 바닷가, 바퀴, 바통
박~ : 박자, 박쥐, 박사, 박물관

썰다 ○ 쓸다 ✗

맞춤법 박사 칼이나 톱으로 잘라내는 것을 '썰다' 라고 해요. 비로 쓰레기를 치우는 것을 '쓸다' 라고 써요.

 따라 쓰며 익혀요.

썰	다	썰	다	썰	다	썰	다	썰	다
썰	다	썰	다	썰	다	썰	다	썰	다

 다음 문장을 따라 써 보세요.

라	면	에		파	를		송	송		썰	어	✓
넣	었	습	니	다	.							

함께 알아 두어요

쓸다 : 비로 마당을 쓸다, 손으로 배를 쓸다

쌉쌀하다 ○ 쌉살하다 ✗

맞춤법 박사 우리말에서 한 낱말 안에서 비슷하거나 같은 말소리가 겹쳐서 나는 경우 같은 글자로 적는 것이 원칙입니다. 그러므로 '쌉쌀하다'가 맞아요.

 따라 쓰며 익혀요.

쌉	쌀	하	다	쌉	쌀	하	다	쌉	쌀	하	다
쌉	쌀	하	다	쌉	쌀	하	다	쌉	쌀	하	다

 다음 문장을 따라 써 보세요.

그		음	식	은		달	콤	하	고		쌉
쌀	했	습	니	다	.						

함께 알아 두어요

똑딱똑딱 ○ 똑닥똑닥 ✗ , 쓱싹쓱싹 ○ 쓱삭쓱삭 ✗

안성맞춤 ○ 안성마춤 ×

맞춤법 박사 원하는 대로 맞아떨어진 물건이나 잘 만들어진 상태를 말해요.

 따라 쓰며 익혀요.

안	성	맞	춤	안	성	맞	춤	안	성	맞	춤
안	성	맞	춤	안	성	맞	춤	안	성	맞	춤

 다음 문장을 따라 써 보세요.

할	머	니		댁	은		농	사	를		짓
기	에		안	성	맞	춤	입	니	다	.	

함께 알아 두어요

안성맞춤의 유래 : 경기도 안성이 예로부터 유기(놋그릇)를 잘 만들기로 유명해서 생긴 말입니다.

65

애꿎은 ◯ 애꿏은 ✕

맞춤법 박사 아무런 상관이 없거나, 잘못 없이 억울한 마음을 말해요.

 따라 쓰며 익혀요.

애	꿎	은	애	꿎	은	애	꿎	은	애	꿎	은
애	꿎	은	애	꿎	은	애	꿎	은	애	꿎	은

 다음 문장을 따라 써 보세요.

축	구	에		지	자		진	수	는		애
꿎	은		영	수	를		원	망	했	다	.

함께 알아 두어요

바라건대 ◯ 바라컨데 ✕
예) 바라건대 제발 공부 좀 하렴.

열심히 ○ 열심이 ×

맞춤법 박사 우리말에는 '~이'로 끝나는 말과 '~히'로 끝나는 말이 있어요. 헷갈리지 않도록 주의해야 해요.

 따라 쓰며 익혀요.

열	심	히	열	심	히	열	심	히	열	심	히
열	심	히	열	심	히	열	심	히	열	심	히

 다음 문장을 따라 써 보세요.

나	는		친	구	와		함	께		열	심
히		공	부	를		했	어	요	.		

함께 알아 두어요

~히 : 엄격히, 꼼꼼히, 속히, 정확히
~이 : 간간이, 나날이, 가벼이, 외로이

외톨이 ○ 외토리 ✗

맞춤법 박사 어울리거나 기댈 곳이 없는 혼자인 상태를 '외톨이'라고 해요. [외토리], [웨토리]라고 발음되지만 쓸 때는 외톨이라고 해야 합니다.

 따라 쓰며 익혀요.

외	톨	이	외	톨	이	외	톨	이	외	톨	이
외	톨	이	외	톨	이	외	톨	이	외	톨	이

 다음 문장을 따라 써 보세요.

학	원	에	서		승	희	는		외	톨	이
가		되	었	습	니	다	.				

함께 알아 두어요

생긋이 ○ 생긋히 ✗, 끔찍이 ○ 끔찍히 ✗
수북이 ○ 수북히 ✗

우레 ○ 우뢰 ✕

맞춤법 박사 천둥과 같은 말입니다.

 따라 쓰며 익혀요.

우	레	우	레	우	레	우	레	우	레
우	레	우	레	우	레	우	레	우	레

 다음 문장을 따라 써 보세요.

비	행	기		소	리	가		우	레	와	
같	았	습	니	다	.						

함께 알아 두어요

방귀 뀌다 ○ 방귀 끼다 ✕
깍지를 끼다 ○ 깍지를 뀌다 ✕

우리나라 ○ 저희 나라 ✗

맞춤법 박사 국가는 어떠한 상황에도 낮출 수 없어요. 그러므로 우리 나라가 맞아요.

 따라 쓰며 익혀요.

우	리	나	라	우	리	나	라	우	리	나	라
우	리	나	라	우	리	나	라	우	리	나	라

 다음 문장을 따라 써 보세요.

우	리	나	라		경	기	는		내	일	
열	릴		예	정	입	니	다	.			

함께 알아 두어요

웃어른께 사용하는 높임말 : 계시다 ○ 있다 ✗, 말씀 ○ 말 ✗
생신 ○ 생일 ✗, 진지 ○ 밥 ✗

욱신거리다 ○ 욱씬거리다 ✕

맞춤법 박사 바늘로 찌르는 것처럼 아프거나 쑤시는 증세를 말해요. 또 여러 사람이 모여 어지럽거나 떠드는 모습을 말하기도 합니다. 소리는 [욱씬거리다]로 나지만 '욱신거리다'로 써야 해요.

 따라 쓰며 익혀요.

욱	신	거	리	다	욱	신	거	리	다
욱	신	거	리	다	욱	신	거	리	다

 다음 문장을 따라 써 보세요.

수	업		시	간		내	내		이	가	
욱	신	거	렸	습	니	다	.				

함께 알아 두어요 안쓰럽다 ○ 안스럽다 ✕ , 쑥스럽다 ○ 쑥쓰럽다 ✕

유례 ○ 유래 ✕

맞춤법 박사 '유례'란 같거나 유사한 사례를 말합니다. '유래'란 어떤 일이나 물건이 일어난 기원을 말합니다.

📚 따라 쓰며 익혀요.

유	례	유	례	유	례	유	례	유	례
유	례	유	례	유	례	유	례	유	례

📚 다음 문장을 따라 써 보세요.

전	염	병	이		사	상		유	례	없	이	∨
전	파	되	고		있	습	니	다	.			

함께 알아 두어요

유례 : 그 일은 역사상 유례가 없는 일입니다.
유래 : 어버이날의 유래가 궁금합니다.

육개장 ○ 육계장 ✕

맞춤법 박사 소고기를 뜯어서 넣고 맵게 끓인 국을 말해요.

 따라 쓰며 익혀요.

육	개	장	육	개	장	육	개	장	육	개	장
육	개	장	육	개	장	육	개	장	육	개	장

 다음 문장을 따라 써 보세요.

엄	마	가		맛	있	는		육	개	장	을	∨
끓	여		주	셨	습	니	다	.				

함께 알아 두어요

설렁탕 ○ 설농탕 ✕, 쇠고기 ○ 소고기 ○
돼지고기 ○ 되지고기 ✕

일찍이 ○ 일찌기 ✗

맞춤법 박사 '일찍이'는 일정한 시간보다 이른 때를 말해요.

 따라 쓰며 익혀요.

일	찍	이	일	찍	이	일	찍	이	일	찍	이
일	찍	이	일	찍	이	일	찍	이	일	찍	이

 다음 문장을 따라 써 보세요.

새	해	를		맞	아		일	찍	이		일
어	났	어	요	.							

함께 알아 두어요 강낭콩 ○ 강남콩 ✗, 갈치 ○ 칼치 ✗, 고깔 ○ 꼬깔 ✗

잃다 ○ 잇다 ✗

맞춤법 박사 물건이 없어지거나 갖지 않는 상태는 '잃다'라고 해요. 알았던 것을 기억하지 못할 때는 '잊다'라고 해요.

 따라 쓰며 익혀요.

| 잃다 | 잃다 | 잃다 | 잃다 | 잃다 |
| 잃다 | 잃다 | 잃다 | 잃다 | 잃다 |

 다음 문장을 따라 써 보세요.

새	끼		염	소	가		길	을		잃	고	✓
헤	매	고		있	었	어	요	.				

함께 알아 두어요

잊다 : 깜빡 잊고 학원에 가방을 두고 왔습니다.

※ 다음 중 'ㅔ'가 들어간 낱말이 아닌 것을 골라 ○ 하세요.

| 수수께끼   걸레   세수   세우   세탁기   세금   베짱이 |

※ 다음 중 'ㅐ'가 들어간 낱말이 아닌 것을 골라 ○ 하세요.

| 빨래   노래   새싹   새해   발래   배추   고래   개나리 |

※ 아래 문장에 '~률'과 '~율'을 구분해서 쓰세요.

성장 ☐   백분 ☐   숫 ☐
할인 ☐   성공 ☐   합격 ☐

※ 왼쪽 낱말의 높임말을 찾아 알맞은 선을 연결해 주세요.

밥   •   •   계시다

말   •   •   생신

생일 •   •   말씀

있다 •   •   진지

※ 다음 중 알맞은 낱말을 골라 ○ 하세요.

- 엄마는 삼남매 중 넷째입니다.
- 엄마는 삼남매 중 네째입니다.

- 나는 형제 중 세째입니다.
- 나는 형제 중 셋째입니다.

- 병아리가 암탉을 따라 갑니다.
- 병아리가 암닭을 따라 갑니다.

- 나는 동생이랑 숨바꼭질 놀이를 했습니다.
- 나는 동생이랑 숨박꼭질 놀이를 했습니다.

※ 아래 □에 알맞은 낱말을 <보기>에서 골라 쓰세요.

<보기> 쌀 살, 신 씬, 딱 닥, 쓰 스, 싹 삭, 맞 맛, 꽂 꽃, 이 히

쌉☐하다   똑☐똑☐   쑥☐럽다
쓱☐쓱☐   안 성☐춤   애☐은
욱☐거리다   안☐럽다   생긋☐

자투리 ○ 짜투리 ✕

맞춤법 박사 '자투리'란 원래 옷을 만들고 난 후 남은 천 조각이에요. 어떠한 것을 사용하고 남은 부분을 비유적으로 자투리라고 합니다.

 따라 쓰며 익혀요.

자투리	자투리	자투리	자투리
자투리	자투리	자투리	자투리

 다음 문장을 따라 써 보세요.

언	니	는		자	투	리		시	간	이	
생	겨	서		청	소	를		했	습	니	다 .

함께 알아 두어요 족집게 ○ 족집개 ✕ , 쪽집기 ○ 쪽집기 ✕

장맛비 ○ 장마비 ✗

맞춤법 박사 여름에 계속해서 많은 비가 내리는 현상을 '장맛비'라고 해요. 장마와 비가 합쳐지면서 ㅅ(사이시옷)이 붙여졌어요.

 따라 쓰며 익혀요.

장	맛	비	장	맛	비	장	맛	비	장	맛	비
장	맛	비	장	맛	비	장	맛	비	장	맛	비

 다음 문장을 따라 써 보세요.

장	맛	비	가		그	치	지		않	고	
계	속		내	렸	습	니	다	.			

함께 알아 두어요

김칫국 ○ 김치국 ✗, 북엇국 ○ 북어국 ✗
부대찌개 ○ 부댓찌개 ✗

저물녘 ○ 저물녁 ✕

맞춤법 박사 해가 져서 어두워지는 즈음을 뜻해요. 띄어 쓰지 않고 붙여 씁니다.

 따라 쓰며 익혀요.

저	물	녘	저	물	녘	저	물	녘	저	물	녘
저	물	녘	저	물	녘	저	물	녘	저	물	녘

 다음 문장을 따라 써 보세요.

오	빠	는		저	물	녘	에		나	가	
돌	아	오	지		않	았	습	니	다	.	

함께 알아 두어요

해 뜰 녘 ○ 해뜰녘 ✕, 해 질 녘 ○ 해질녘 ✕
새벽녘 ○ 새벽녁 ✕, 동틀 녘 ○ 동틀녁 ✕

젖다 ○ 젓다 ✗

맞춤법 박사 액체나 어떠한 것이 스며들어 축축하게 되는 것을 '젖다'라고 해요. '젓다'는 골고루 섞이도록 돌리거나 좌우로 흔드는 것을 뜻해요. 둘 다 [젇따]라고 발음되지만 구분해서 사용해요.

 따라 쓰며 익혀요.

젖	다	젖	다	젖	다	젖	다	젖	다
젖	다	젖	다	젖	다	젖	다	젖	다

 다음 문장을 따라 써 보세요.

가	랑	비	에		옷		젖	는		줄	
모	른	다	.								

함께 알아 두어요

젖다 : 축구를 한 시간 하니 윗옷이 땀으로 젖었습니다.
젓다 : 아버지는 커피를 숟가락으로 젓고 있었습니다.

줄게 ○ 줄께 ✕

맞춤법 박사 '~게' 와 '~께' 중 어느 것이 맞을까요? 네, '~게' 가 맞습니다. 그 이유는 소리 나는 대로 적어서는 안 되기 때문입니다.

 따라 쓰며 익혀요.

줄	게	줄	게	줄	게	줄	게	줄	게
줄	게	줄	게	줄	게	줄	게	줄	게

 다음 문장을 따라 써 보세요.

내	가		가	져	온		연	필	을		너
에	게		줄	게	.						

함께 알아 두어요 할게 ○ 할께 ✕ , 갈게 ○ 갈께 ✕ , 부를게 ○ 부를께 ✕

짖다 ○ 짓다 ✕

맞춤법 박사 동물이 소리 내어 우는 것을 '짖다'라고 해요. 밥, 집, 옷 등을 만드는 것을 '짓다'라고 해요.

 따라 쓰며 익혀요.

짖다	짖다	짖다	짖다	짖다
짖다	짖다	짖다	짖다	짖다

 다음 문장을 따라 써 보세요.

강	아	지	는		낯	선		사	람	을	
보	면		짖	어	요	.					

함께 알아 두어요

짖다 : 까치가 시끄럽게 짖다
짓다 : 밥을 짓다, 보약을 짓다, 농사를 짓다

쫓다 ○ 좇다 ✗

맞춤법 박사 있는 자리에서 떠나도록 하는 것을 '쫓다'라고 해요. 그대로 따라가는 것은 '좇다'라고 해요.

 따라 쓰며 익혀요.

쫓	다	쫓	다	쫓	다	쫓	다	쫓	다
쫓	다	쫓	다	쫓	다	쫓	다	쫓	다

 다음 문장을 따라 써 보세요.

여	우	는		숲		속	에	서		토	끼
를		쫓	아		내	기	로		했	다	.

함께 알아 두어요

쫓다 : 경찰은 도망가는 도둑을 쫓아갔습니다.
좇다 : 사람이 돈만 좇으면 행복할 수 없습니다.

찌개 ○ 찌게 ✗

맞춤법 박사 국물을 조금 적게 하여 만든 음식을 말해요.

📚 따라 쓰며 익혀요.

찌	개	찌	개	찌	개	찌	개	찌	개
찌	개	찌	개	찌	개	찌	개	찌	개

📚 다음 문장을 따라 써 보세요.

저	녁		반	찬	은		찌	개	와		생
선	으	로		차	려	졌	어	요	.		

함께 알아 두어요

된장찌개 ○ 된장찌게 ✗, 순두부찌개 ○ 순두부찌게 ✗
생선찌개 ○ 생선찌게 ✗

차마 ○ 참아 ✗

맞춤법 박사 '차마'는 딱하고 가슴 아프고 수줍어서라는 뜻을 가지고 있습니다. 뒤에 부정하는 문장과 연결됩니다. '참아'는 참다에서 온 낱말로 인내하거나 기다리는 것을 말합니다.

 따라 쓰며 익혀요.

차	마	차	마	차	마	차	마	차	마
차	마	차	마	차	마	차	마	차	마

 다음 문장을 따라 써 보세요.

눈	물	이		흘	러	서		차	마		말
을		하	지		못	했	습	니	다	.	

함께 알아 두어요

참다 : 참아, 참으니

찹찹하다 ○ 착찹하다 ✗

맞춤법 박사 기분이 조용하고 가라앉은 상태를 '찹찹하다' 라고 해요. 착찹하다라고 쓰지 않도록 유의하세요.

 따라 쓰며 익혀요.

찹	찹	하	다	찹	찹	하	다	찹	찹	하	다
찹	찹	하	다	찹	찹	하	다	찹	찹	하	다

 다음 문장을 따라 써 보세요.

수	희	가		전	학	을		간	다	니	
마	음	이		찹	찹	합	니	다	.		

함께 알아 두어요 쓸쓸하다 ○ 쓸슬하다 ✗ , 짭짤하다 ○ 짭잘하다 ✗

책꽂이 ○ 책꽃이 ✗ 책꼬지 ✗

맞춤법 박사 책을 꽂는 물건을 '책꽂이'라고 해요.

 따라 쓰며 익혀요.

책	꽂	이	책	꽂	이	책	꽂	이	책	꽂	이
책	꽂	이	책	꽂	이	책	꽂	이	책	꽂	이

 다음 문장을 따라 써 보세요.

새		학	기	를		맞	아		예	쁜	
책	꽂	이	를		샀	어	요	.			

함께 알아 두어요

ㅈ 받침 : 낮, 낮잠, 곶감, 맞은편

초점 ○ 촛점 ×

맞춤법 박사 중요한 지점이나 사람의 마음이 끌리는 부분을 뜻해요. 사이시옷이 들어가지 않음에 유의해요.

 따라 쓰며 익혀요.

초	점	초	점	초	점	초	점	초	점
초	점	초	점	초	점	초	점	초	점

 다음 문장을 따라 써 보세요.

이		기	계	는		실	용	적	인		면
에		초	점	을		두	었	습	니	다	.

함께 알아 두어요

사이시옷이 들어가지 않는 낱말 : 개수, 이점

커피숍 ○ 커피샵 ✗ 커피숖 ✗

맞춤법 박사 커피나 차, 음료를 파는 가게를 '커피숍(coffee shop)'이라고 합니다.

 따라 쓰며 익혀요.

커	피	숍	커	피	숍	커	피	숍	커	피	숍
커	피	숍	커	피	숍	커	피	숍	커	피	숍

 다음 문장을 따라 써 보세요.

이	모	는		커	피	숍	에	서		친	구
를		만	나	기	로		했	습	니	다	.

함께 알아 두어요 헤어숍 ○ 헤어샵 ✗, 모차르트 ○ 모짜르트 ✗

콧구멍 ○ 코구멍 ✗

맞춤법 박사 코에 있는 두 구멍을 말해요. 코와 구멍이 합쳐지므로 ㅅ(사이시옷)이 들어가서 '콧구멍'이라고 해요.

 따라 쓰며 익혀요.

콧	구	멍	콧	구	멍	콧	구	멍	콧	구	멍
콧	구	멍	콧	구	멍	콧	구	멍	콧	구	멍

 다음 문장을 따라 써 보세요.

콧	구	멍	을		후	비	다	가		꾸	중
을		들	었	어	요	.					

함께 알아 두어요 나룻배 : 나루+배, 나뭇가지 : 나무+가지, 빗물 : 비+물

통째로 ○ 통채로 ✗

맞춤법 박사 한 덩어리의 전체 또는 전부를 '통째로'라고 해요. 이처럼 '째'는 전부 또는 전체를 말해요. 반대로 '채'는 있는 그대로의 상태를 말해요.

 따라 쓰며 익혀요.

통	째	로	통	째	로	통	째	로	통	째	로
통	째	로	통	째	로	통	째	로	통	째	로

 다음 문장을 따라 써 보세요.

엄	마	가		생	선	을		통	째	로
굽	습	니	다	.						

함께 알아 두어요

~째 : 귤을 통째로 삼켰습니다.
~채 : 물고기를 산 채로 잡았습니다.

파란색 ○ 파랑색 ✗

맞춤법 박사 파랑은 색을 나타내는 단어입니다. 그러므로 여기에 또 '~색'을 붙이면 안 됩니다. 그러므로 '파란색'이 맞습니다.

 따라 쓰며 익혀요.

파	란	색	파	란	색	파	란	색	파	란	색
파	란	색	파	란	색	파	란	색	파	란	색

 다음 문장을 따라 써 보세요.

수	영	이	는		지	붕	을		파	란	색
으	로		색	칠	했	어	요	.			

함께 알아 두어요

빨간색 ○ 빨강색 ✗, 노란색 ○ 노랑색 ✗
하얀색 ○ 하양색 ✗

하마터면 ○ 하마트면 ✕

맞춤법 박사 자칫 잘못했다면, 조금만 잘못했다면의 뜻이 있어요.

 따라 쓰며 익혀요.

하	마	터	면	하	마	터	면	하	마	터	면
하	마	터	면	하	마	터	면	하	마	터	면

 다음 문장을 따라 써 보세요.

| 하 | 마 | 터 | 면 | | 준 | 비 | 물 | | 챙 | 기 | 는 | ✓ |
| 것 | 을 | | 잊 | 을 | | 뻔 | | 했 | 어 | 요 | . | |

함께 알아 두어요

하마터면 : 하마터면 큰 사고가 날 뻔했습니다.
　　　　　 하마터면 나도 모르게 큰소리를 지를 뻔했습니다.

환절기 ○ 간절기 ✕

맞춤법 박사 계절이 바꾸는 때를 '환절기'라고 해요. 간절기라고 말하는 사람도 있는데, 간절기는 사전에 없는 낱말입니다.

 따라 쓰며 익혀요.

환	절	기	환	절	기	환	절	기	환	절	기
환	절	기	환	절	기	환	절	기	환	절	기

 다음 문장을 따라 써 보세요.

환	절	기	에	는		감	기	에		걸	리
지		않	도	록		조	심	합	니	다	.

함께 알아 두어요 장롱 ○ 장농 ✕, 금세 ○ 금새 ✕, 베짱이 ○ 배짱이 ✕

후유증 ○ 휴유증 ✗

맞춤법 박사 일을 겪고 난 후에 생기는 좋지 않은 흔적이나 아프고 난 후에 남아 있는 증세를 뜻해요.

 따라 쓰며 익혀요.

후	유	증	후	유	증	후	유	증	후	유	증
후	유	증	후	유	증	후	유	증	후	유	증

 다음 문장을 따라 써 보세요.

여	름		휴	가		후	유	증	을		잘	✓
극	복	하	도	록		합	시	다	.			

함께 알아 두어요

ㄺ 겹받침 : 낡다, 읽다, 굵다, 밝다

흐리멍덩하다 ○
흐리멍텅하다 ✕

맞춤법 박사 기억이나 정신이 분명하지 않고 희미한 것을 말해요.

 따라 쓰며 익혀요.

흐	리	멍	덩	하	다	흐	리	멍	덩	하	다
흐	리	멍	덩	하	다	흐	리	멍	덩	하	다

 다음 문장을 따라 써 보세요.

어	제		잠	을		못		자	서		정
신	이		흐	리	멍	덩	합	니	다	.	

함께 알아 두어요

희한하다 ○ 희안하다 ✕ , 단출하다 ○ 단촐하다 ✕
우당탕거리다 ○ 우당탕탕거리다 ✕

※ 다음 중 맞는 낱말에 색칠하세요.

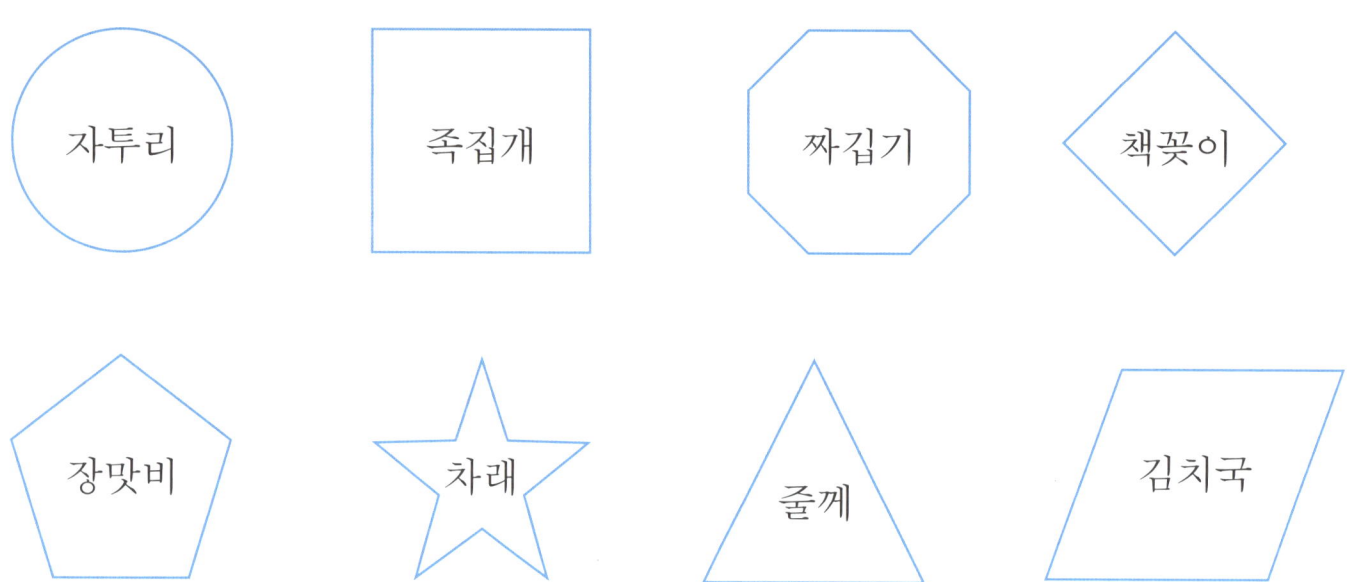

자투리 족집개 짜깁기 책꽂이

장맛비 차래 줄께 김치국

※ 다음 중 알맞은 낱말을 골라 ○ 하세요.

- 커피숍에서 엄마를 만나기로 했습니다.
- 커피샵에서 엄마를 만나기로 했습니다.

- 모짜르트는 위대한 음악가입니다.
- 모차르트는 위대한 음악가입니다.

- 돈가스는 내가 가장 좋아하는 음식입니다.
- 돈까스는 내가 가장 좋아하는 음식입니다.

- 동생은 생일 선물로 로봇을 받았습니다.
- 동생은 생일 선물로 로보트를 받았습니다.

※ 띄어쓰기에 유의하며 다음 낱말을 따라 써요.

동틀 녘 동틀 녘 새벽녘

해 뜰 녘 해 질 녘

동녘 서녘 남녘 북녘 동녘

밀어붙이다 밀어붙이다

정답

55p 돗자리 / 돈을 벗다

마당에 빨랫줄을 — 매다
욕조에 몸을 — 담그다
가방을 어깨에 — 메다
고무줄로 머리를 — 묶다
운동장이 눈으로 — 덮이다
호텔에 — 묵다

76p 세우 / 빨래 / 률, 율, 률, 율, 률, 률

밥 — 진지
말 — 말씀
생일 — 생신
있다 — 계시다

77p 넷째, 셋째, 암탉, 숨바꼭질

쌀, 딱, 딱, 스, 싹, 싹, 맛, 꽃, 신, 쓰, 이

98p 자투리, 짜깁기, 책꽂이, 장맛비

커피숍, 모차르트, 돈가스, 로봇